SMART COOKIE KID

II

For 3 - 4 year olds

Mary Khalil
Baha Kodir

序文

この発達ワークブックには、お子様の注意力、集中力、多元的知能、視覚的記憶、運動能力、批判的思考、学習能力、問題解決力、創造性などを高めるために設計された、さまざまな魅力的な演習が含まれています。　最適な結果を得るために、お子様には大人の指導の下、これらのアクティビティを順番に定期的に実行することをお勧めします。　この面白くて注意力を高める本のすべての演習には、明確な指示が付いています。　各エクササイズに特定の時間制限はありません。　　最も重要なことは、お子様が問題を解決したり、新しいスキルを学んだりしながら、楽しんで注意を集中できることです。お子様がアクティビティ中に指示がわかりにくいと感じた場合は、シンプルで共感できる説明や例を示して、その混乱を明確にすることが重要です。　　お子様が練習を無事に完了したときに、言葉で積極的に励ますことは、お子様のやる気を引き出す優れた方法です。　たとえば、「素晴らしい仕事をしていますね!」と言うことができます。　または「あなたは信じられないほど素晴らしいです！」

　この本には、特に子供たちの想像力を魅了するよう、注意深く専門知識を駆使して作成された楽しいイラストが掲載されています。これらの優しい芸術作品は、プロのアーティストの才能の結晶です。

　さらに、保護者が家で子供たちと質の高い絆を深められる時間を提供するために、楽しいゲーム ページも追加しました。　これらの楽しいゲームは、きっと思い出に残る瞬間を生み出し、あなたと小さなお子様との強いつながりを育むでしょう。

水の反射がどのシンボルに属しているかを見つけてマークします。

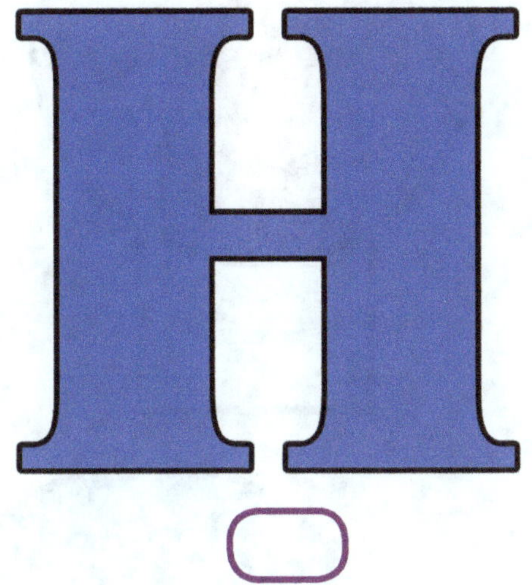

例のように、気球の下にシンボルを描きます。

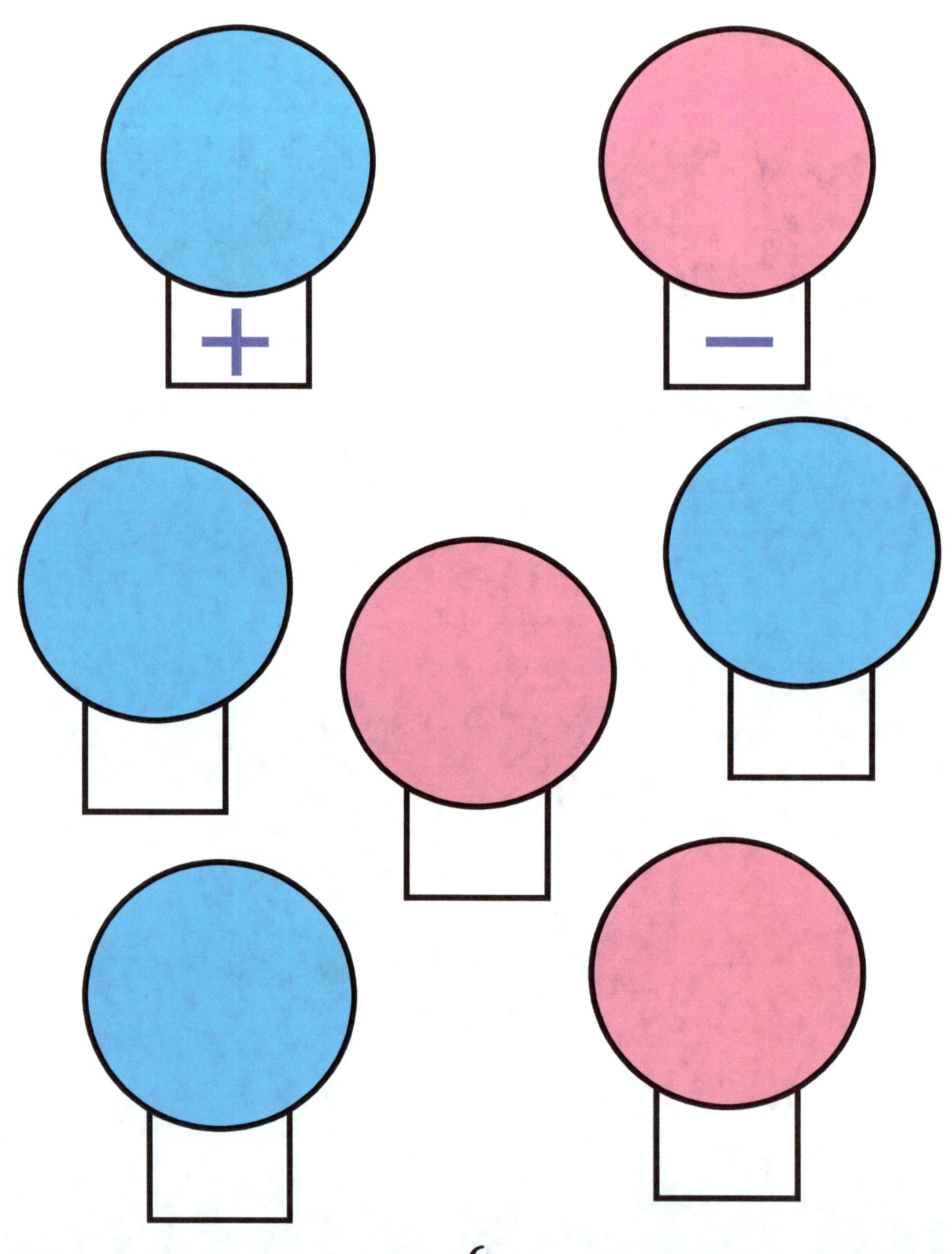

北極のエスキモーの家族を注意深く見て、次のページに
進んでください。

北極のエスキモーの家族を注意深く見て、次のページに
進んでください。

前のページを思い出して、北極のエスキモー一家で失われたものに印を付けてください。

２つのグループに分かれてランドマークを円の中に 入れます。

水に映ったものがどのスーツケースに属しているかを見つ
けてマークします。

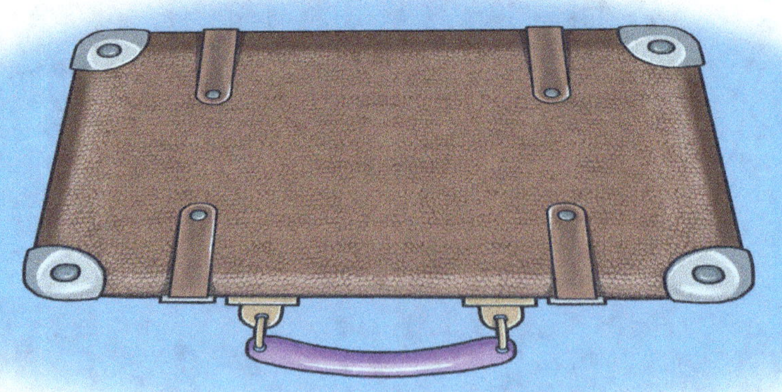

10

どのフルーツマンが順番に空白の場所に来るべきかを見
つけてマークします。

料理をすれば食事になるが、作らなければ鳥になる。

食品を適切な箱に合わせてください。

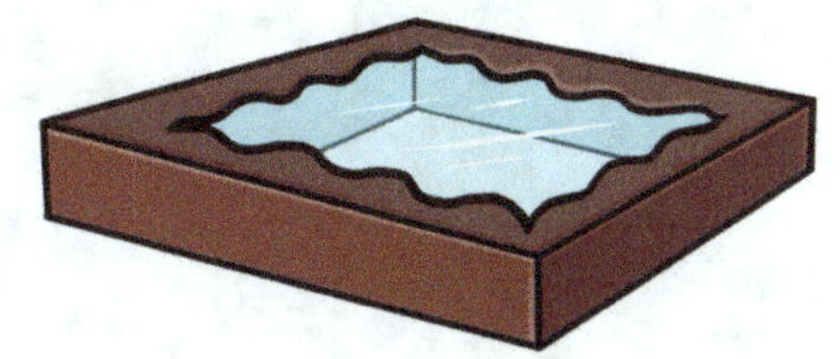

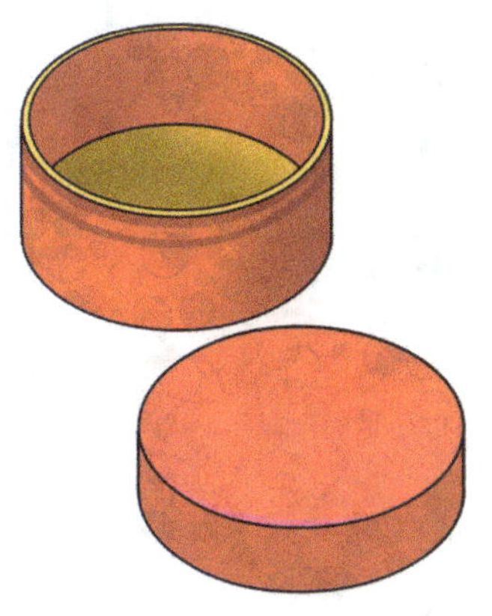

絵の中の森で鳥に餌をやる少女の欠けている部分を見つ
けて配置します。

使用済みの缶を捨てるべき場所を見つけてマークします。

家の掃除にどのオブジェクトを使用するかを見つけ
てマークします。

犬がどのシンボルに似ているかを見つけてマークします。

動物の2つの別々の部分を一致させます。

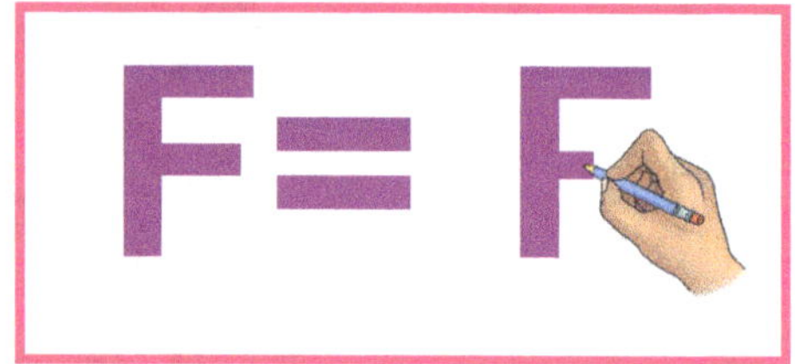

赤ちゃんの線に沿って目の体操をしましょう。この
エクササイズを少なくとも5回繰り返します。

季節に応じて適切な木を選びましょう。

危険なものを見つけてマークします。

25

写真の中で子羊がどの行にあるかを見つけてマークします。

1	2	3

どのイルカが別の方向を向いているかを見つけてマークします。

両手で同時に線を描きます。

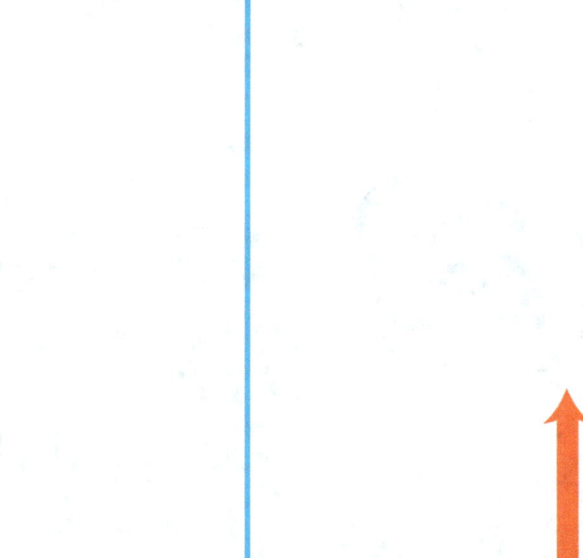

例のように、写真内のカラフルなオブジェクトを指で
タッチします。遅いものから速いものまで。

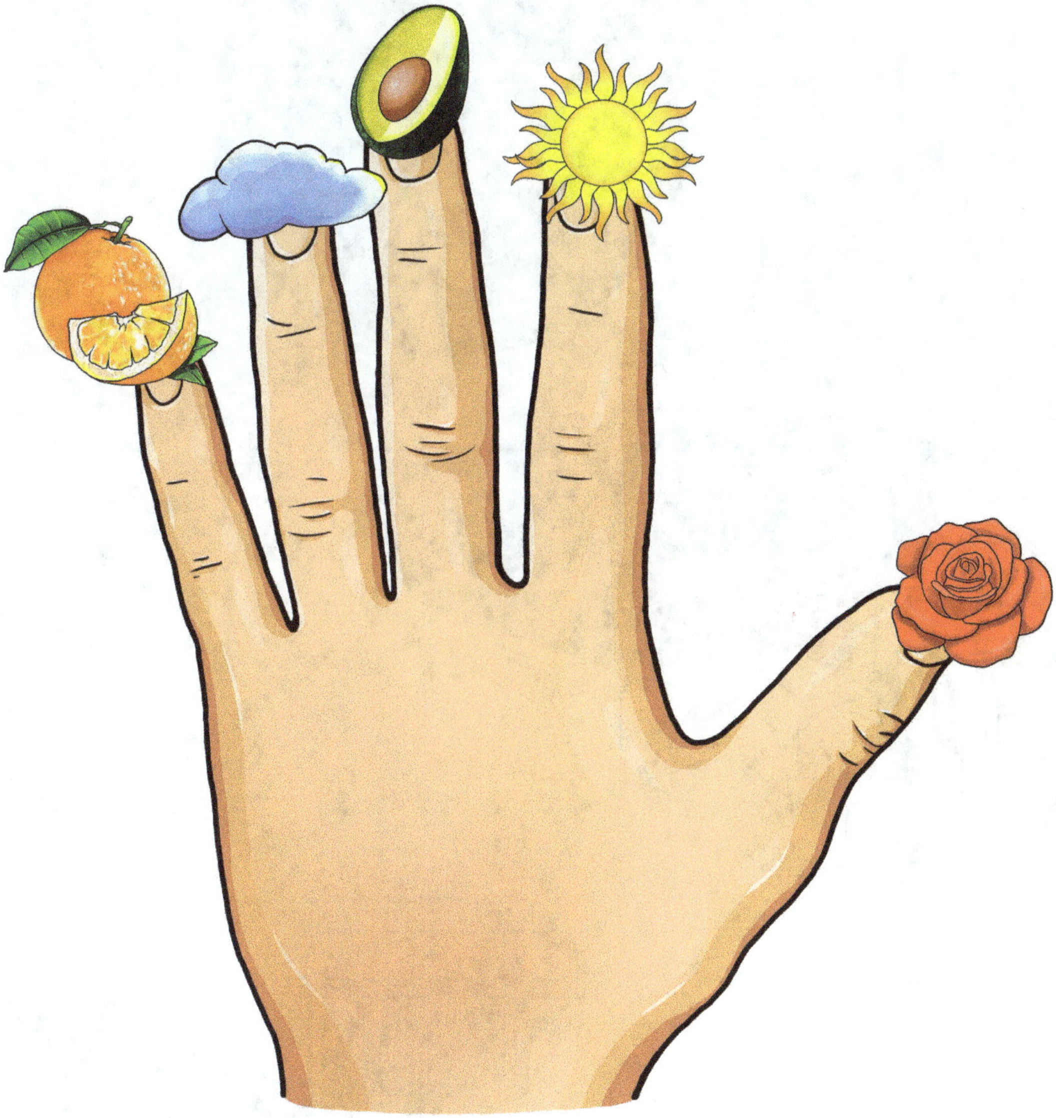

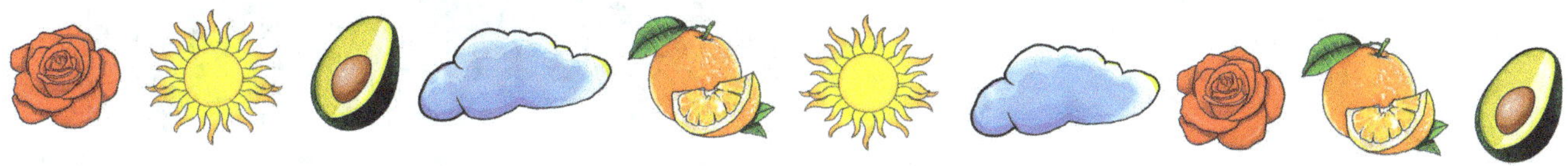

このパーツが属するトランスポートのタイプを見つけて
マークします。

影遊びの

説明：　　子供用のプラスチック製の動物のおもちゃは、子供には見せずにコーヒーテーブルの上に水平に並べます。小麦粉をふるいに入れ、動物の上でふるいにかけます。除去プロセスが終了した後、動物はわずかに除去されます。子供は動物とその影を一致させるように言われます。
提案：小型家電やキッチン用品も使用可能。子供のプラスチック製のおもちゃとふるいもいくつかあります。

太陽と雲の

指導: 子供は、手を広げているときは太陽であり、手を握りこぶしにしているときは雲であると教えられます。子供に物語を聞かせます。その物語の中で、子供は「太陽」という言葉を聞いたら手を開き、「雲」という言葉を聞いたら手を閉じるように求められます。空想の物語が作られ、その物語の中で「太陽」と「雲」という言葉が使われます。